# Meine ersten
# Bibelgeschichten

## So lebte Jesus

Christina Goodings

Illustrationen von
Jan Lewis

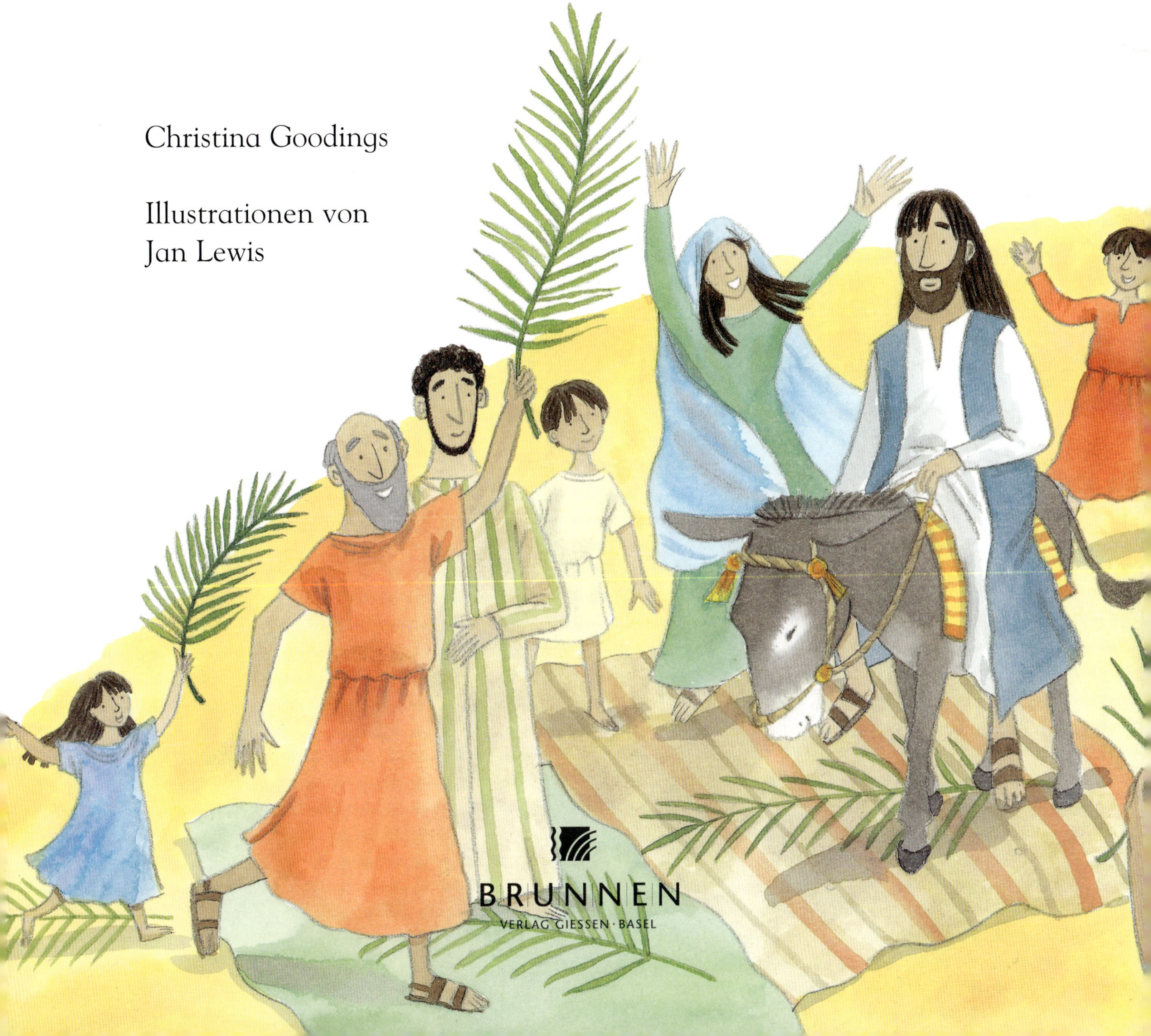

BRUNNEN

VERLAG GIESSEN · BASEL

# Inhalt

# Wie alles begann

Die Geschichte von Jesus begann vor rund 2000 Jahren in einem warmen, sonnigen Land. Dort wohnten Menschen, die man Juden nannte.

Jesus war ein bekannter und berühmter Prediger.

Er erzählte von seinem Vater im Himmel, und er erklärte den Menschen, was es bedeutet, Freundschaft mit Gott zu schließen.

Ein Landwirt sät Getreide.

Ein Hirte führt Schafe auf die Weide.

Der Töpfer arbeitet im Freien.

Diese Frau hat Wasser von der Quelle geholt.

Auf dem Flachdach ihres Hauses webt die Frau einen Teppich.

Viele glaubten Jesus und wurden seine Freunde. Sie waren die ersten Christen.

Heute gibt es fast überall auf der Welt Christen. Ihnen ist es wichtig, die gute Nachricht von Jesus weiterzusagen.

VIER BESONDERE BÜCHER

Die Bibel erzählt in vier verschiedenen Büchern die Geschichte von Jesus. Sie werden „Evangelien" genannt und heißen nach den Männern, die sie aufgeschrieben haben: Matthäusevangelium, Markusevangelium, Lukasevangelium und Johannesevangelium.

Fischerboote auf dem See Genezareth

Jesus erzählt Kindern Geschichten.

# Jesus kommt auf die Welt

Lukas erzählt in seinem Evangelium, wie Jesus geboren wurde:

Eines Tages kam der Engel Gabriel nach Nazareth. Er hatte eine wichtige Nachricht für Maria, eine junge Frau. Der Engel sagte zu ihr: „Gott hat dich ausgesucht. Du sollst schwanger werden und Gottes Sohn zur Welt bringen."

Maria erschrak, aber sie wollte Gott gehorsam sein.

Schon bald wussten die Leute, dass Maria schwanger war. Ein Engel erklärte ihrem Verlobten Josef, dass sie Gottes Sohn zur Welt bringen würde. Da blieb Josef bei ihr und heiratete sie.

Gemeinsam gingen die beiden nach Bethlehem, um sich dort in die Steuerlisten des Kaisers einzutragen. Die Stadt war voller Menschen. Maria und Josef mussten lange suchen, bis sie schließlich in einem Stall Unterkunft fanden. Dort brachte Maria ihr Kind zur Welt.

Engel sind Boten Gottes.

Der Engel Gabriel

Maria

Josef

Maria

Jesus

Die Hirten lassen ihre Schafe zurück und laufen nach Bethlehem.

WEIHNACHTEN

Am Heiligabend erinnern sich Christen an die Geburt des Jesuskindes. Manche stellen deshalb Krippen in ihrer Wohnung auf, und in vielen Kirchen werden Krippenspiele aufgeführt.

Sie wickelte den kleinen Jungen in Windeln und legte ihn in eine Futterkrippe.

Auf den Hügeln vor der Stadt hüteten die Hirten auch in dieser Nacht ihre Schafe. Plötzlich wurde es taghell, und ein Engel rief vom Himmel: „Fürchtet euch nicht! Heute ist der Retter der Welt geboren. Ihr findet ihn in einem Stall in Bethlehem."

Das wollten die Hirten mit eigenen Augen sehen! Sie liefen in die Stadt. Dort fanden sie Josef, Maria und das Kind, wie es der Engel ihnen gesagt hatte.

# Kostbare Geschenke

Jüdischer Priester

Herodes

Matthäus beschreibt die Geburt Jesu so:

In einem fernen Land, weit im Osten, entdeckten gelehrte Männer einen unbekannten Stern am Himmel. „Der Stern zeigt uns, dass ein neuer König zur Welt gekommen ist", sagten sie.

Die Gelehrten wollten dem neugeborenen König Ehre erweisen. Deshalb folgten sie dem Stern bis nach Jerusalem. „Wo finden wir den neugeborenen König der Juden?", fragten sie.

Als König Herodes hörte, was die Fremden in seinem Land wollten, erschrak er. Schließlich war er der Herrscher über Jerusalem, und er wollte es auch bleiben! Er ließ seine jüdischen Ratgeber kommen. Sie erklärten ihm: „In unseren heiligen Büchern steht, dass Gottes neuer König eines Tages in Bethlehem zur Welt kommen wird."

Heimlich rief Herodes die fremden Gelehrten in den Palast und schickte sie nach Bethlehem. Dort fanden sie Jesus tatsächlich. Sie beteten ihn an und brachten ihm ihre kostbaren Geschenke.

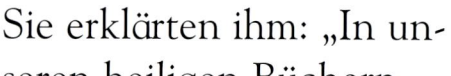

Ein Engel warnte die weisen Männer davor, zu Herodes zurückzukehren. Da nahmen sie einen anderen Weg nach Hause.

Auch Josef wurde von einem Engel gewarnt. Mit Maria und Jesus sollte er schnell nach Ägypten fliehen. Dort war die Familie sicher. Sie kehrten erst nach Nazareth zurück, als Herodes gestorben war.

Die Gelehrten besuchen Maria und Jesus in einem Haus.

Weihrauch

Gold

Myrrhe

Es waren Fremde, die zuerst erkannten: Ein neuer König ist geboren.

# Jesus wächst heran

Jesus lernt, die heiligen
Bücher zu lesen.

Jesus war Jude und wurde im jüdischen Glauben erzogen. Er lernte, die heiligen Bücher zu lesen und zu verstehen. Er lernte auch das Gesetz kennen, welches Gott seinem Volk vor langer Zeit gegeben hatte.

Als Jesus zwölf Jahre alt war, nahmen ihn seine Eltern mit nach Jerusalem, um im Tempel das Passahfest zu feiern. Nach dem Fest machten sich die Pilger aus Nazareth wieder auf den Heimweg. Erst am Abend bemerkte Maria, dass Jesus nicht mitgekommen war. Maria und Josef liefen sofort nach Jerusalem zurück, um ihn zu suchen.

Nach drei Tagen fanden sie Jesus im Tempel. Dort unterhielt er sich mit Priestern und Gelehrten über den jüdischen Glauben.

„Warum hast du uns so große Sorgen gemacht?", fragte Maria ihren Sohn vorwurfsvoll.

## DAS PASSAHFEST

Dies ist die Geschichte des Festes, das alle Juden am liebsten im Tempel von Jerusalem feierten:

Viele Jahrhunderte zuvor waren die Juden Sklaven in Ägypten gewesen. Gott gab Mose den Auftrag, sein Volk in die Freiheit zu führen.

Die Nacht der Flucht wurde Passah genannt. Es war die Nacht, in der schlimmes Unheil an den Israeliten vorüberging.

Bald darauf gab Gott Mose die Zehn Gebote und andere Regeln, an die sich sein Volk halten sollte.

Jesus befolgte diese Gesetze ebenso wie die anderen Juden. Von jeher war Gott ihr Gott, und sie wussten, dass sie sein Volk waren.

Im Hof des Tempels von Jerusalem

Maria und Josef

Jüdische Lehrer heißen auch Rabbis.

Jesus als Zwölfjähriger

Jesus verstand die Sorge der Eltern nicht. „Wisst ihr denn nicht, dass ich im Haus meines Vaters sein muss?", fragte er sie.

Gemeinsam gingen sie nach Hause, und Jesus erlernte den Beruf, den Josefs Familie seit Generationen ausübte. Alle Leute kannten ihn als den Sohn des Zimmermanns.

Die Rabbis hören Jesus aufmerksam zu. Sie staunen, wie viel der Junge über die heiligen Bücher weiß.

# Jesus wird getauft

Im Alter von etwa dreißig Jahren begann für Jesus ein neuer Lebensabschnitt. Er besuchte seinen Cousin, den Propheten Johannes. „Du sollst mich taufen", sagte Jesus. Die Taufe war das äußere Zeichen dafür, dass man ein neues Leben mit Gott anfangen wollte.

Johannes wunderte sich zwar, dass er Jesus taufen sollte, aber er tauchte ihn schließlich im Jordan unter.

Als Jesus wieder aus dem Wasser kam, hörte er eine Stimme vom Himmel sagen: „Dies ist mein geliebter Sohn."

Die Taube ist ein Sinnbild für Gottes Heiligen Geist.

Jesus wird im Jordan getauft.

Johannes ist ein Cousin von Jesus.

In seiner Wüstenzeit aß Jesus nichts.

Nach seiner Taufe zog sich Jesus in die Wüste zurück. Dort dachte er vierzig Tage lang nach, betete und fastete.

Jesus hatte großen Hunger. Da kam der Teufel und sagte: „Bist du wirklich Gottes Sohn? Dann kannst du doch alles haben, was du willst: Ruhm, Reichtum, Essen und Trinken …"

„Ich will nichts davon", antwortete Jesus. „Ich habe die heiligen Bücher gelesen und will so leben, wie Gott es sich wünscht."

### TAUFE

Die Taufe ist ein Zeichen dafür, dass Menschen ihr Leben mit Gott führen wollen. Jesus wurde als Erwachsener im Jordan untergetaucht.

# Jesus erzählt von Gott

Johanna

Susanna

Maria Magdalena

Jesus wurde Prediger. Er erzählte den Menschen in den umliegenden Orten von Gott. Am Ufer des Sees Genezareth wohnte er in der kleinen Stadt Kapernaum.

Jesus erklärte, was es bedeutet, Freundschaft mit Gott zu schließen. Er sagte: „Wenn ihr an Gott glaubt, gehört ihr zu seiner neuen Welt."

Jesus verglich das Reich Gottes mit einem winzigen Senfkorn, das zu einem großen Baum heranwächst, in dessen Ästen die Vögel ihre Nester bauen.

Und Jesus tat viele Wunder. Gott schenkte ihm die Kraft, Kranke gesund zu machen. Die Menschen kamen von überall her, um Jesus zu sehen und ihm zuzuhören.

### JESUS UND SEINE FREUNDE

Jesus wusste, dass er Freunde brauchte, um die gute Nachricht von Gottes Liebe allen Menschen weiterzusagen.

Zuerst suchte Jesus sich vier Fischer aus, die am See Genezareth arbeiteten. Dazu kamen noch acht weitere Männer, sodass er schließlich zwölf Jünger hatte.

Es gab auch einige Frauen, die Jesus unterstützten. Dazu gehörten Maria Magdalena und die beiden reichen Frauen Johanna und Susanna.

Simon, Andreas, Jakobus
und Johannes waren Fischer.

Jakobus und sein Bruder Johannes

Andreas,
Simons
Bruder

Simon, der
auch Petrus
genannt
wurde.

Judas
Iskariot

Philippus

Matthäus

Ein weiterer
Simon

Jakobus

Judas

Bartholomäus

Thomas

# Ein glückliches Leben

Jesus wollte den Menschen helfen, ein gutes und glückliches Leben zu führen. Er erklärte ihnen, wie es gelingen kann:

„Seid zu allen Menschen freundlich, auch zu denen, die euch schlecht behandeln.

Liebt nicht nur eure Freunde, sondern auch eure Feinde und betet für sie.

Gebt nicht mit euren guten Werken an, sondern helft den Armen, ohne viel Aufhebens davon zu machen.

Sorgt euch nicht um Geld und Kleidung. Die Vögel am Himmel und die Blumen auf den Feldern machen sich auch keine Gedanken darum, und trotzdem sorgt Gott für sie. Genauso will er auch für euch sorgen.

Vergebt euren Mitmenschen, wenn sie Böses getan haben – genauso wie Gott euch vergibt.

Hört mir zu und tut, was ich euch sage. Dann ähnelt ihr einem Mann, der sein Haus auf festen Fels gebaut hat. Es hält selbst dem schwersten Unwetter stand.

Aber wenn ihr nicht zuhört und nicht handelt, wie es Gott gefällt, dann geht es euch wie dem Mann, der sein Haus auf Sand gebaut hat. Schon beim kleinsten Unwetter fällt es in sich zusammen.

Jesus vergleicht den Glauben mit einem Haus, das auf festen Fundamenten steht.

# Der barmherzige Samariter

Die Räuber laufen mit ihrer Beute davon.

Manche Menschen verstanden Jesus nicht. Sie fragten sich, ob seine Lehren mit den alten jüdischen Gesetzen übereinstimmten, oder ob er etwas ganz Neues erzählte.

Eines Tages kam ein Pharisäer zu Jesus, um herauszufinden, ob er sich an die alten Gesetze hielt. Der Pharisäer fragte: „Meister, erkläre mir, was ich tun muss, um in Gottes Reich zu kommen."

Jesus antwortete mit einer Gegenfrage: „Was sagt denn unser jüdisches Gesetz dazu?"

„In den heiligen Schriften steht, dass wir Gott über alles lieben sollen und dass wir unseren Mitmenschen genauso lieben sollen wie uns selbst", antwortete der Pharisäer.

„Genau!", bestätigte Jesus.

„Aber wer ist mein Mitmensch?", wollte der Pharisäer wissen.

„Dazu erzähle ich dir folgende Geschichte", erwiderte Jesus. „Ein Mann ging von Jerusalem nach Jericho. Unterwegs wurde er von Räubern überfallen und niedergeschlagen. Sie hielten den Mann für tot und liefen davon.

Da kam ein Tempel-

Ein Tempeldiener nähert sich.

Ein Mann wird überfallen und ausgeraubt.

priester des Wegs. Er sah den Schwerverletzten, ging aber schnell weiter.

Kurz darauf näherte sich ein Tempeldiener. Als er den Überfallenen sah, hielt er kurz an und lief dann auch davon.

Schließlich ritt ein Nichtjude, ein Samariter, heran. Er sah den armen Mann und stieg sofort von seinem Esel, um zu helfen. Der Samariter brachte den Schwerverletzten in ein Gasthaus, gab dem Wirt Geld und bat ihn, den Mann gut zu versorgen."

Die Geschichte war zu Ende, und Jesus fragte den Pharisäer: „Was meinst du, wer von den dreien hat sich als Mitmensch erwiesen?"

„Der Samariter", antwortete der Pharisäer leise.

„Das stimmt", lächelte Jesus. „Mach es genauso wie er."

Ein Priester geht vorüber.

Ein Samariter hilft dem Opfer.

# Das Vaterunser

Jesus betete oft zu Gott. Einmal baten ihn seine Jünger: „Sage uns doch, wie wir beten sollen."

„Sucht euch einen ruhigen Ort, an dem ihr im Stillen zum Vater im Himmel beten könnt", antwortete Jesus. „Ihr müsst nicht viele Worte machen. Betet so:

Unser Vater im Himmel,
geheiligt werde dein Name.
Dein Reich komme.
Dein Wille geschehe,
wie im Himmel, so auf Erden.
Unser tägliches Brot gib uns heute.
Und vergib uns unsere Schuld,
wie auch wir vergeben unseren Schuldigern.
Und führe uns nicht in Versuchung,
sondern erlöse uns von dem Bösen,
denn dein ist das Reich und die Kraft
und die Herrlichkeit in Ewigkeit.
Amen.

Bittet Gott, und er wird euch geben,
was ihr braucht. Sucht, und ihr werdet
es finden. Klopft an, und Gott wird euch
die Tür öffnen.

Ihr wisst doch, wie gut Eltern für ihre Kinder
sorgen. Gott will sich noch viel mehr um euch
kümmern, als die besten Eltern es können."

# Der verlorene Sohn

Rabbis

**GESETZESLEHRER**

Das jüdische Wort für Gesetzeslehrer ist Rabbi. Als Jesus auf dieser Welt lebte, gab es unter den Rabbis eine besondere Gruppe, die Pharisäer. Sie hatten sehr strenge Vorstellungen von Gottes Gesetz und stimmten oft nicht mit Jesus überein.

Die unterschiedlichsten Menschen kamen zu Jesus. Einige spürten, dass sie vieles in ihrem Leben falsch gemacht hatten. Andere waren eher stolz auf sich selbst; dazu gehörten vor allem die Pharisäer.

Jesus erklärte, wie Gott über die Menschen denkt, die ihre Fehler einsehen.

„Ich will euch eine Geschichte erzählen", sagte er. „Es war einmal ein Mann, der zwei Söhne hatte. Der Jüngere wollte seinem Vater nicht länger gehorchen. Er bat ihn um sein Erbteil und ging davon. In kurzer Zeit hatte der Sohn das ganze Geld verprasst. Schließlich musste er als Schweinehirte arbeiten und großen Hunger leiden.

Schweinehirten wurden verachtet.

‚Ich will zu meinem Vater zurückgehen‘, dachte er schließlich. ‚Ich will ihn um Verzeihung bitten. Vielleicht lässt er mich als Knecht auf seinem Hof arbeiten.‘

Der junge Mann wanderte den weiten Weg nach Hause. Sein Vater erkannte ihn schon aus der Ferne und lief ihm mit offenen Armen entgegen.

Glücklich küsste der Vater ihn und sagte: ‚Wir wollen ein großes Fest feiern. Das beste Fleisch soll auf den Tisch kommen!‘

Als der ältere Bruder von der Feldarbeit heimkam, wurde er sehr wütend. ‚Warum feierst du ein Fest für diesen Nichtsnutz?‘, fuhr er seinen Vater an. ‚Das ist ungerecht!‘

‚Feiere doch mit uns‘, bat der Vater. ‚Ich dachte, dein Bruder sei tot, und nun ist er wieder da. Ist das kein Grund zur Freude?‘“

Der ältere Bruder ist wütend.

Der jüngere Sohn schämt sich.

Wie sehr der Vater sich freut!

# Ein Gelähmter kann wieder gehen

Eines Tages predigte Jesus im Haus eines Freundes. Dort hatten sich auch viele Pharisäer versammelt.

Von überallher strömten Menschen zusammen. Das Haus war so voll, dass niemand mehr durch die Tür kommen konnte.

Vier Männer wollten ihren Freund zu Jesus bringen. Der Freund konnte nicht gehen, deshalb trugen sie ihn auf seiner Schlafmatte.

Als sie die große Menschenansammlung sahen, stiegen sie über die Außentreppe auf das Dach des Hauses. Sie machten ein Loch hinein und ließen ihren Freund an Seilen ins Haus hinunter, sodass er direkt vor Jesu Füßen lag.

Das Flachdach besteht aus Balken und Lehm. Es kann leicht geöffnet und wieder repariert werden.

Jesus schaut hoch.

„Deine Sünden sind dir vergeben", sagte Jesus.

Die Pharisäer waren entsetzt. „Kein Mensch darf Sünden vergeben!", murmelten sie. „Das kann nur Gott!"

Jesus schaute sie an und sprach: „Ich werde euch beweisen, dass ich Sünden vergeben kann." Dann befahl er dem Gelähmten: „Steh auf und geh!"

Der Mann stand auf. Durch ein Wunder konnte er wieder gehen. Er freute sich riesig.

## VERGEBUNG

Jesus sagte seinen Freunden, dass sie anderen vergeben sollten. „Wie oft denn?", fragte Simon Petrus. „Sind sieben Mal genug?" „Nicht nur sieben Mal", antwortete Jesus, „sondern sieben mal siebzig Mal."

Vier Männer seilen ihren gelähmten Freund ab.

# Große Wunder

Jesus tat viele Wunder, die ein Zeichen für Gottes Macht über die Welt waren.

Eines Tages kamen fünftausend Menschen zusammen, um Jesus zuzuhören. Sie blieben den ganzen Tag und hatten am Abend großen Hunger.

Ein kleiner Junge brachte den Jüngern seinen ganzen Proviant: fünf Brote und zwei Fische. Jesus nahm das Essen, sprach ein Dankgebet darüber und sagte seinen Jüngern, sie sollten die Brote und Fische an die Menschen verteilen. Und wirklich: Das Essen reichte für alle! Welch ein Wunder!

Eines Abends bestieg Jesus mit seinen Jüngern ein Boot, um über den See Genezareth zu rudern. Jesus schlief ein. Da kam ein

heftiger Sturm auf, der die Männer in höchste Seenot brachte.

„Hilf uns!", riefen die Jünger und rüttelten Jesus wach.

Er stand auf und sprach: „Legt euch, ihr Wellen! Beruhige dich, Wind!"

Sofort wurde der See spiegelglatt.

Ein anderes Mal ging der Hauptmann Jairus zu Jesus. „Bitte komm mit mir!", flehte er Jesus an. „Meine Tochter liegt im Sterben."

Unterwegs drängten sich die Menschen um Jesus. Als er endlich das Haus des Jairus erreichte, war das kleine Mädchen schon gestorben.

Jesus trat an ihr Bett und sagte: „Steh auf!"

Da öffnete das Mädchen die Augen und war quicklebendig.

WUNDER

Christen sind überzeugt, dass Gott seine Macht durch Wunder zeigt. Jesus vollbrachte viele Wunder, mit denen er den Menschen Gesundheit und Glück schenkte.

# Jesus und die Kinder

SCHUTZENGEL

Jesus sagt, dass jedes Kind einen Engel hat, der Gott ganz nahe ist. Deshalb glauben viele Christen, dass jeder Mensch einen Schutzengel hat.

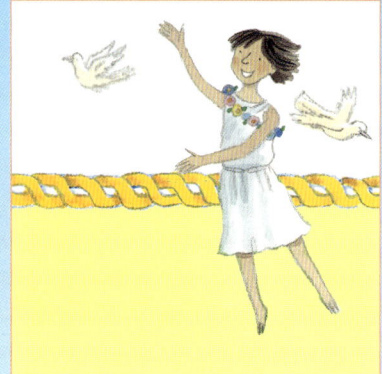

Die Jünger waren stolz darauf, die besten Freunde Jesu zu sein. Je mehr Menschen zu Jesus wollten, desto bedeutender fühlten sich die Jünger.

Sie stritten sogar darüber, wer von ihnen der Wichtigste sei.

Da bat Jesus ein Kind, sich vor die Jünger zu stellen. Dann sagte er: „Wenn ihr euch nicht ändert und so werdet wie dieses Kind, werdet ihr nicht ins Reich

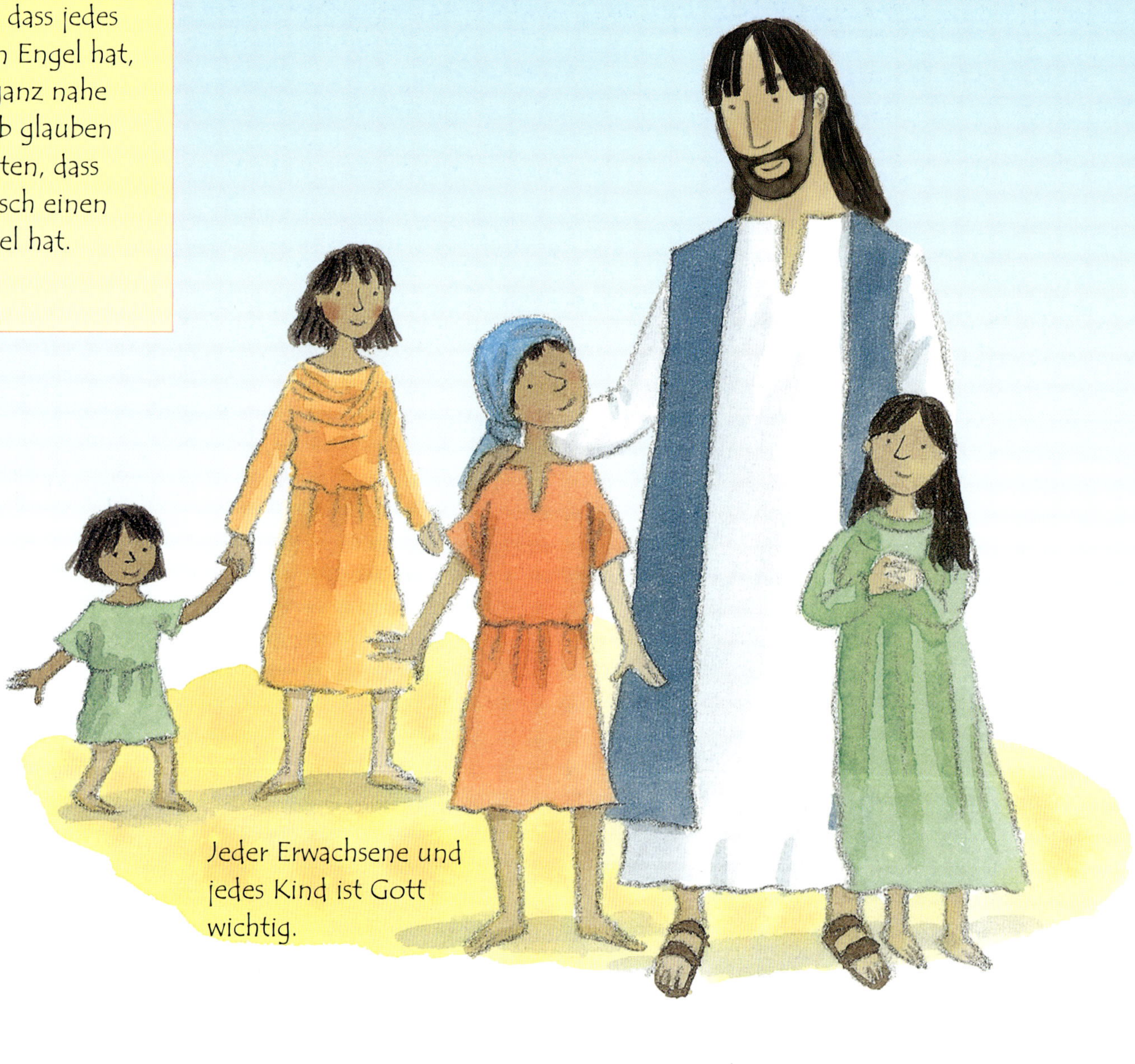

Jeder Erwachsene und jedes Kind ist Gott wichtig.

Gottes kommen. Wer sich selbst für unbedeutend hält, der wird in Gottes Reich der Größte sein. Und wer ein Kind wie dieses in meinem Namen willkommen heißt, der heißt mich selbst willkommen.

Seht niemals auf ein Kind herab. Denn jedes hat einen Engel im Himmel, der Gott nah ist.

Denkt euch einen Hirten, der hundert Schafe besitzt. Wenn ihm eins davon verloren geht, wird er die übrigen neunundneunzig allein lassen, um nach ihm zu suchen. So will auch Gott, dass ihm kein einziges Kind verloren geht."

Ein Hirte rettet sein Schaf, das sich verirrt hat.

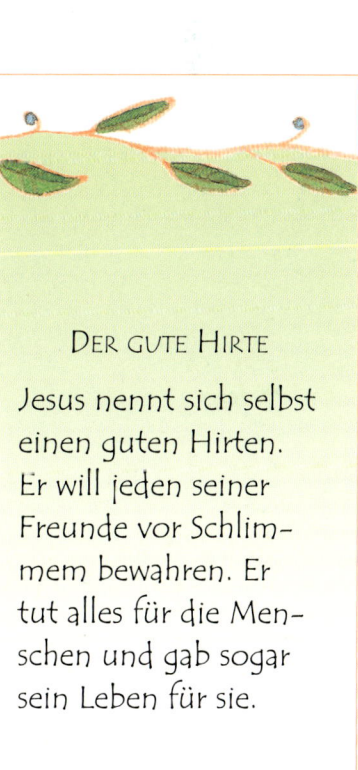

DER GUTE HIRTE

Jesus nennt sich selbst einen guten Hirten. Er will jeden seiner Freunde vor Schlimmem bewahren. Er tut alles für die Menschen und gab sogar sein Leben für sie.

# Wer will zu Jesus gehören?

Dieser reiche junge Mann will sich nicht von seinem Geld trennen, um mit Jesus zu gehen.

Einmal fragte ein reicher junger Mann Jesus: „Was muss ich tun, um ins Himmelreich zu kommen?"

„Halte die Gebote", antwortete Jesus.

„Das habe ich immer getan", sagte der junge Mann. „Was kann ich noch tun?"

„Verkaufe alles, was du besitzt", antwortete Jesus. „Verteile das Geld unter den Armen, und dann komme mit mir." Da ging der junge Mann traurig davon.

„Wie schade für ihn", sagte Jesus. „Aber reiche Menschen haben es oft schwer, in Gottes Reich zu kommen."

An einem anderen Tag war Jesus auf dem Weg nach Jericho. Menschen säumten beide Seiten der Straße, um Jesus zu begrüßen.

Unter ihnen war auch der Zolleinnehmer Zachäus. Er nahm den Leuten oft viel zu viel Geld ab und steckte es in die eigene Tasche.

Zachäus war recht klein. Weil er Jesus aber auch unbedingt sehen wollte, kletterte er auf einen Baum.

Jesus blieb genau unter ihm stehen. „Komm herunter, Zachäus!", rief er dem Zolleinnehmer zu. „Ich will heute zu dir nach Hause kommen."

Die Leute waren empört. „Warum setzt sich Jesus zu einem Betrüger an den Tisch?", schimpften sie.

Die Leute mögen
Zachäus nicht.

Jesus ruft Zachäus.

Zachäus will
Jesus sehen.

Jesus ließ sich nicht davon beeinflussen. Und
Zachäus änderte sein Leben. „Ich will die Hälfte
meines Besitzes an die Armen geben", sagte er.
„Und denen, die ich betrogen habe, will ich das
Zehnfache zurückgeben."

Darüber freute Jesus sich sehr. Zu den empörten
Leuten sagte er: „Ich bin hier, um alle zu retten,
die Gott dringend brauchen."

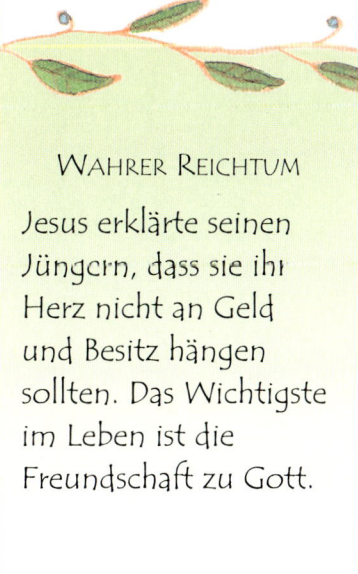

WAHRER REICHTUM

Jesus erklärte seinen
Jüngern, dass sie ihr
Herz nicht an Geld
und Besitz hängen
sollten. Das Wichtigste
im Leben ist die
Freundschaft zu Gott.

# Jesus reitet nach Jerusalem

Drei Jahre lang hatte Jesus zu den Menschen gepredigt. Nun stand wieder ein Passahfest bevor.

„Ich will mit euch in Jerusalem feiern", sagte Jesus zu seinen Jüngern. „Holt mir einen Esel, auf dem ich in die Stadt reiten kann."

Viele Leute pilgerten nach Jerusalem. Als sie Jesus heranreiten sahen, begannen sie zu tuscheln: „Seht nur, das ist der Prediger, der von Gottes Reich spricht. Ob er sich jetzt zum König von Jerusalem erklären wird?"

Das Gerücht machte die Runde. Plötzlich rief jemand: „Gott segne den König! Es lebe der König!"

Einige zogen ihre Mäntel aus und legten sie wie einen Teppich vor Jesus auf die Straße. Andere winkten ihm mit Palmwedeln zu.

Es gab auch einige Pharisäer in der Menge. Aufgebracht forderten sie Jesus auf: „Befiehl deinen Nachfolgern, ruhig zu sein!"

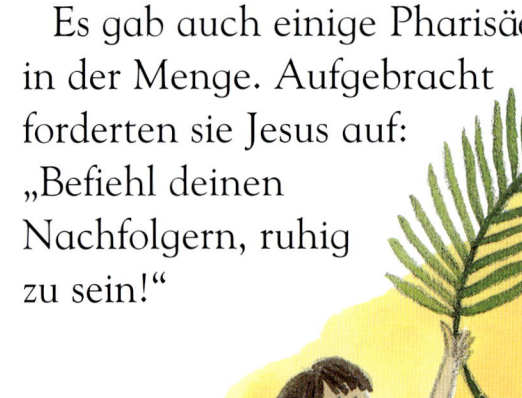

Palmwedel

Die Gesetzeslehrer sind wütend, weil die Menge Jesus einen König nennt.

Doch Jesus schüttelte den Kopf und sagte: „Das würde nichts nützen. Denn wenn die Menschen schweigen, werden die Steine reden."

Man spürte, dass bald etwas Wichtiges geschehen würde – sehr bald.

Jesus reitet auf einem Esel. Damit zeigt er, dass er ein Mann des Friedens ist.

# Schlimmes steht bevor

Die Pharisäer und die anderen Gesetzeslehrer waren beunruhigt. Was würde Jesus als Nächstes tun?

Zuerst ging er in den Tempel. Der Hof war voller Händler, die einen Markt abhielten. An zahllosen Ständen verkauften sie Dinge, die für das Passahfest gebraucht wurden. Es gab sogar Tiere, die im Tempel geopfert werden sollten.

„Der Tempel ist ein Ort des Betens!", rief Jesus. „Ihr habt eine Räuberhöhle daraus gemacht."

Wütende Händler

Jesus wirft die Markttische um.

Tauben

Münzen

Wütend stieß er Tische und Stände um und jagte die Händler davon.

Darüber wurden die Priester wütend. Sie trafen sich mit den Pharisäern und beratschlagten, wie sie Jesus loswerden könnten.

Jesus erzählte weiter von Gott und seiner Liebe zu den Menschen. „Nehmt euch vor den Gesetzeslehrern in acht", sagte er. „Sie zeigen stolz, wie fromm sie sind, aber sie kümmern sich nicht um die Nöte der Menschen."

Jesus schaute sich um. Gläubige brachten ihre Gaben in den Opferstock. Die kostbaren Münzen der reichen Leute klingelten laut.

Da kam eine arme Witwe. Sie warf zwei kleine Münzen in den Opferkasten. „Sie hat mehr gegeben als jeder andere", erklärte Jesus seinen Jüngern. „Die Reichen geben etwas von ihrem Überfluss ab. Aber diese Frau hat alles gegeben, was sie zum Leben braucht."

Die religiösen Führer ließen sich nicht gern zurechtweisen. Und endlich bekamen sie die Chance, auf die sie schon lange gewartet hatten: Einer der Jünger, Judas Iskariot, wollte ihnen helfen, Jesus gefangen zu nehmen. Sie bezahlten Judas für seinen Verrat.

Judas trifft heimlich einen Priester, um Jesus zu verraten.

Priester

Judas Iskariot

# Das letzte Abendmahl

Jesus verteilt den Wein.

Jesus bricht das Brot.

Jesus trifft sich mit seinen Jüngern zu einem besonderen Essen.

Zum Passahfest gehörte ein besonderes Abendessen. Mit bestimmten Gerichten und Gebeten erinnerten sich die Juden daran, wie Mose sein Volk aus der ägyptischen Gefangenschaft geführt hatte. Damals hatte Gott versprochen: „Haltet euch an meine Gebote, dann will ich euer Gott sein, und ihr werdet mein Volk sein."

Jesus schickte seine Jünger aus, um das Abendmahl vorzubereiten. Abends trafen sie sich im Haus eines Freundes.

Jesus nahm das Brot, dankte Gott dafür, brach es und verteilte es an seine Jünger. Dabei sagte er: „Nehmt und esst. Dies ist mein Leib."

Dann nahm Jesus den Wein, sprach ein Dankgebet und reichte den Jüngern den Becher mit den Worten: „Trinkt alle davon. Dies ist mein Blut, das ich für euch vergießen werde."

So wollte Jesus den Jüngern erklären, dass sein Körper gebrochen und sein Blut vergossen werden würde. Damit schloss Gott seinen neuen Bund mit den Menschen.

Doch die Jünger verstanden es nicht. Und so aßen sie ihr Passahmahl, wie sie es gewohnt waren. Nur Judas schlich heimlich davon.

DAS ABENDMAHL

Bis heute feiern Christen das Abendmahl in der Kirche. Wenn Brot und Wein ausgeteilt werden, erinnern sie sich an die Worte, die Jesus seinen Jüngern sagte, und an den neuen Bund, den Gott mit uns Menschen geschlossen hat.

Judas Iskariot schleicht davon.

# Jesus wird gekreuzigt

Nach dem Abendmahl ging Jesus mit seinen Jüngern in den Garten Gethsemane. Auf dem Ölberg wollten sie übernachten.

Jesus hielt sich ein wenig abseits und betete. Er wusste, was ihm bevorstand.

Finstere Nacht im Garten Gethsemane

Judas führt die Soldaten an.

Jesus betet.

Plötzlich kehrte Judas Iskariot zu den Jüngern zurück. Er führte eine Gruppe bewaffneter Soldaten an. Sie nahmen Jesus gefangen und brachten ihn vor die Priester.

Am nächsten Morgen führten die Priester Jesus zu Pontius Pilatus, den Statthalter Jerusalems. „Er nennt sich König der Juden", trugen die Priester als

Anklage vor. „Er wiegelt das Volk auf. Dafür verdient er den Tod."

Nach langem Hin und Her tat Pilatus, was die Priester und das Volk von ihm verlangten.

Soldaten führten Jesus ab. Sie schlugen und verspotteten ihn und brachten ihn aus der Stadt nach Golgatha. Dort wurde Jesus gekreuzigt.

Noch vor Sonnenuntergang nahm ein Mann, der an ihn glaubte, Jesus vom Kreuz. Mit einigen Freunden trug er den Leichnam in seine eigene Grabhöhle und rollte einen großen Stein davor.

Verbrecher wurden an Kreuze genagelt.

Ein Stein wird vor den Eingang der Grabhöhle gerollt.

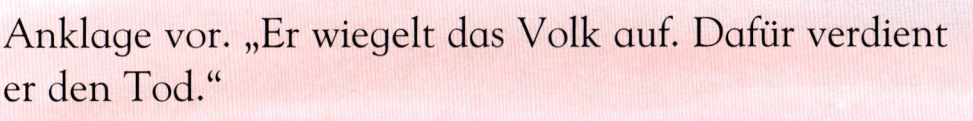

## KARFREITAG

Am Karfreitag erinnern sich Christen, dass Jesus am Kreuz für sie gestorben ist. Gott schließt einen neuen Bund mit den Menschen.

# Jesus lebt!

An einem Freitag wurde Jesus gekreuzigt. Darauf folgte der Sabbat, der jüdische Ruhetag.

Am Sonntagmorgen machten sich einige Frauen in aller Frühe auf den Weg zur Grabhöhle.

Als die Frauen das Grab erreichten, erschraken sie sehr: Der schwere Stein vor der Grabhöhle war zur Seite gerollt, und das Grab war leer!

Plötzlich sahen sie zwei Engel, von denen einer sprach: „Was sucht ihr den Lebenden bei den Toten?" Aufgeregt liefen die Frauen zu den Jüngern und erzählten ihnen, was geschehen war.

Maria Magdalena lief weinend zur Grabhöhle.

Da begegnete ihr ein Mann. Maria hielt ihn für den Gärtner, aber es war Jesus!

Maria Magdalena begegnet Jesus.

Zwei Freunde erkennen, dass Jesus auferstanden ist.

Zwei Jünger gingen von Jerusalem nach Emmaus, wo sie zu Hause waren. Unterwegs schloss sich ihnen ein Fremder an. Die drei sprachen über die Ereignisse der vergangenen Tage: die Kreuzigung und die Gerüchte, dass Jesus von den Toten auferstanden sei und lebte. Als sie ihr Haus in Emmaus erreichten, luden die beiden Jünger ihren Begleiter ein.

Der Mann brach das Brot und reichte es seinen Gastgebern. In dem Moment erkannten sie, dass der Fremde Jesus war.

Schnell liefen die beiden zurück nach Jerusalem, um den anderen Jüngern von ihrer Begegnung zu erzählen. Sie hatten noch nicht zu Ende gesprochen, da stand Jesus plötzlich vor ihnen. Er zeigte den Jüngern seine Hände und Füße, an denen die Wundmale der Kreuzigung deutlich zu sehen waren.

Nun wussten die Jünger sicher, dass Jesus lebte!

OSTERN

Zu Ostern erinnern sich Christen, dass Jesus auferstanden ist. Manchmal treffen sie sich schon zu Sonnenaufgang, um sich gemeinsam über diese gute Nachricht zu freuen.

# Gute Nachrichten

Jesus begegnete seinen Jüngern noch einige Male. Er erklärte ihnen, dass alles geschah, was in den heiligen Schriften angekündigt worden war. Gottes Plan erfüllte sich vor ihren Augen.

Jesus hatte den Menschen von Gottes Gnade erzählt und ihnen die Kraft seiner Liebe gezeigt.

„Nun ist es eure Aufgabe, diese gute Nachricht überall auf der Welt zu verbreiten", sagte Jesus. „Gott wird euch seinen Heiligen Geist geben, damit ihr die Kraft dazu habt."

Bald darauf kehrte Jesus in den Himmel zu seinem Vater zurück.

*Die Jünger bekommen den Heiligen Geist.*

Die Jünger hielten sich in einem Haus versteckt.
In Jerusalem waren die Menschen zum Pfingstfest
zusammengekommen. Plötzlich spürten die Jünger
einen säuselnden Wind, der durch das Zimmer ging.
Über ihren Köpfen tanzten kleine Flammen.

In diesem Moment wussten sie, dass Gott ihnen
seinen Heiligen Geist geschickt hatte. Sie fühlten sich
stark genug, die gute Nachricht zu verkünden. Der
ganzen Welt wollten sie sagen: Jesus ist auferstanden.
Er ist der Messias, der Christus, der König der Welt.

Und so machten sie sich auf den Weg, um von Gottes
Gnade und unerschütterlicher Liebe zu erzählen.

PFINGSTEN

Christen feiern Pfings-
ten, um sich daran zu
erinnern, wie Gott den
Jüngern seinen Heili-
gen Geist schenkte. Der
Heilige Geist hilft allen,
die an Gott glauben
und Jesus vertrauen.

Geist Gottes,
fülle mein Leben mit Liebe.
Geist Gottes,
fülle mein Leben mit Freude.
Geist Gottes
fülle mein Leben mit Güte.
Geist Gottes,
fülle mein Leben mit Freundlichkeit.

NACH GALATER 5

Lieber Jesus,
so wie die Henne ihre Küken
unter die Flügel nimmt,
um sie zu schützen,
so behüte mich
unter deinen goldenen Flügeln.

GEBET AUS INDIEN

Christus ist nicht mehr tot,
Gott hat ihn auferweckt.

OSTERRUF

Lieber Jesus,
du wurdest in einem Stall geboren.
Sei bei denen, die kein schönes
Zuhause haben.
Du wurdest auf einer Reise geboren.
Sei bei denen, die ein Zuhause suchen.
Dir hat man Gold und kostbare
Geschenke gebracht.
Sei bei denen,
die alles im Überfluss haben.
Du hast das himmlische Licht
auf die Erde gebracht.
Bringe uns allen dein Licht!

LOIS ROCK

Wenn Weihnachten ist,
öffnen die Engel das Tor vom Himmel
zur Erde:
Jesus kommt zu uns auf die Welt.
Zu Ostern öffnen die Engel
das Tor von der Erde zum Himmel:
Wir kommen mit Jesus in Gottes
Reich.